LE RÉGIME DES SUCRES

A-T-IL ÉTÉ DÉFINITIVEMENT RÉGLÉ

PAR LA LOI DU 7 MAI 1864?

EXAMEN DE CETTE QUESTION

PAR

J.-B. MARIAGE

FABRICANT DE SUCRE

VALENCIENNES

IMPRIMERIE DE LOUIS HENRY, MARCHÉ AUX POISSONS, 2.

Janvier 1865

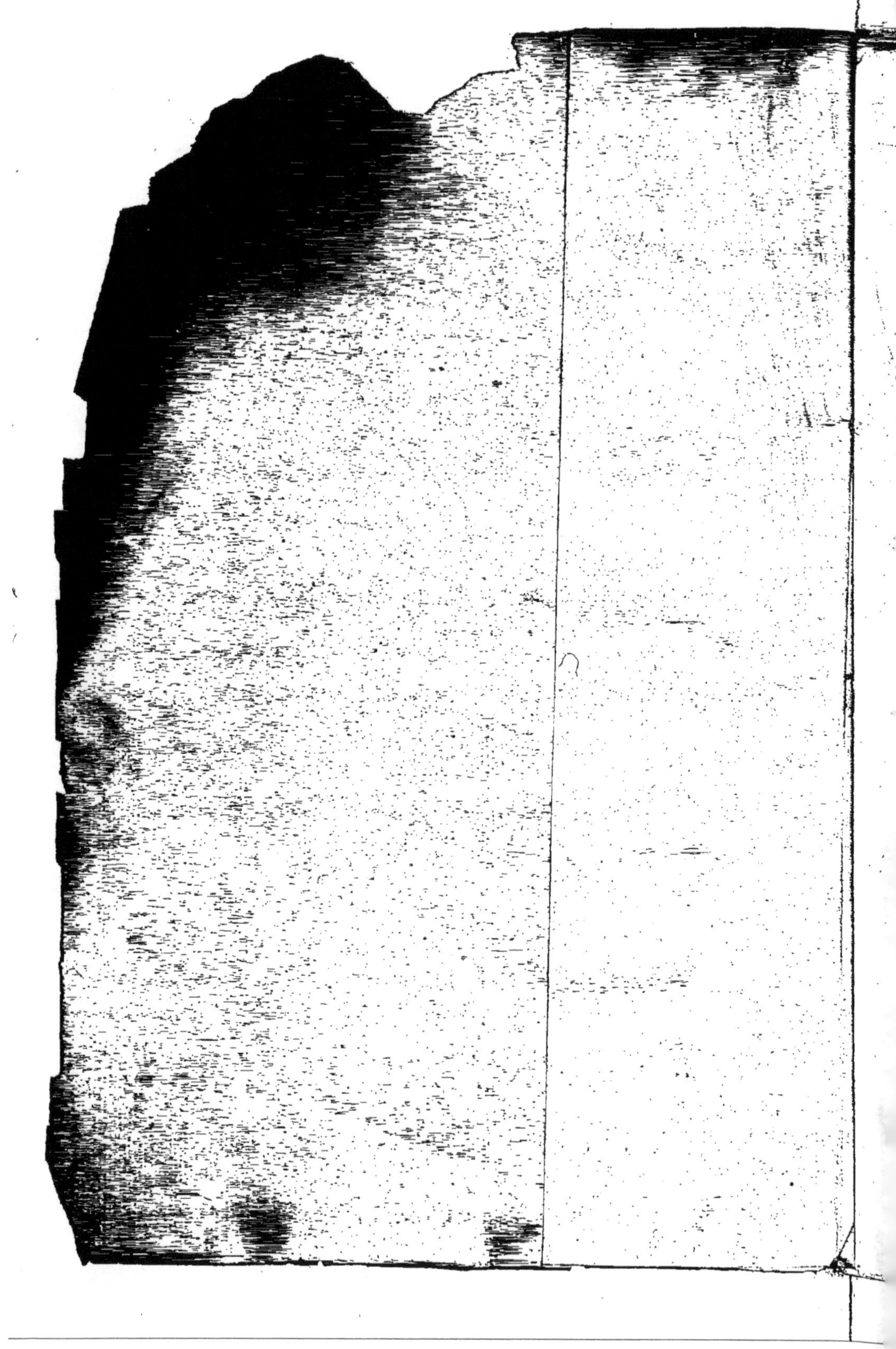

LE RÉGIME DES SUCRES

A-T-IL ÉTÉ DÉFINITIVEMENT RÉGLÉ

PAR LA LOI DU 7 MAI 1864 ?

EXAMEN DE CETTE QUESTION

PAR

J.-B. MARIAGE

FABRICANT DE SUCRE

C.

VALENCIENNES

IMPRIMERIE DE LOUIS HENRY, MARCHÉ-AUX-POISSONS, 2.

Janvier 1865

LE RÉGIME DES SUCRES

A-T-IL ÉTÉ DÉFINITIVEMENT RÉGLÉ

PAR LA LOI DU 7 MAI 1864 ?

I.

On a tant discuté et tant écrit, dans ces derniers temps, sur ce que l'on appelle la Question des Sucres, la dernière loi a été précédée d'une enquête si sérieuse et si complète, que l'on pourrait s'étonner d'entendre demander aujourd'hui si cette éternelle et ennuyeuse question est enfin résolue.

Ecoutons, pourtant, autour de nous les doléances des intéressés en général ; tâchons de discerner ce que peuvent avoir de sérieux les plaintes des producteurs, à l'endroit de la loi qui, depuis le 15 juin, régit leur industrie, et nous arriverons sans doute à trouver à la question ci-dessus posée une réponse qui nous donnera le mot de la situation.

II.

La précédente loi des sucres datait de 1860. Elle devait le jour à la lettre impériale du 5 janvier, dans laquelle les principes du libre échange et de la liberté industrielle et commerciale étaient proclamés comme devant former, désormais, les bases de notre législation économique.

Pourtant, en dépit de son origine, et malgré les demandes de la sucrerie entière (1), cette loi refusait aux sucres raffinés indigènes la liberté d'exportation.

Dans un soi-disant intérêt maritime elle accordait cette liberté aux sucres étrangers.

Elle avait pour base un droit unique sur les sucres bruts de toutes nuances.

Elle permettait l'abonnement.

Peut-être cette loi n'eût-elle point donné si tôt lieu aux réclamations dont elle fut l'objet, si le Gouvernement n'en avait fait disparaître l'économie par les décrets des 16 janvier, 24 juin et 20 octobre 1861.

(1) *Le Sucre raffiné indigène et la Liberté d'exportation*, par les fabricants de sucre des arrondissements de Valenciennes, Lille, Douai, Arras, Cambrai et Saint-Quentin. — 1860. Paris. Imprimerie Paul Dupont.

Mais, aux prises avec une crise terrible causée par une concurrence à laquelle ils ne pouvaient rien opposer, pas même leurs produits avilis, les fabricants de sucre indigène s'adressèrent à l'Empereur ; dès le mois de décembre 1861, ils remplissaient les journaux de leurs plaintes et ils inondaient les régions officielles de leurs pétitions. Ils demandaient justice au nom du droit commun.

Ils exigeaient qu'on leur fît, comme à tant d'autres, l'application des théories libres-échangistes ; en un mot, ils ne voulaient pas être plus longtemps considérés comme les parias de l'industrie française dont ils prétendaient, au contraire, être l'une des branches les plus importantes.

Ils avaient raison.

Pourtant, il faut le dire, si tous les fabricants étaient unanimes pour demander un changement de législation, ils étaient loin d'être d'accord sur les moyens à employer pour remédier à leur situation. Il y avait, parmi eux, des divergences profondes, en partie effacées depuis, il est vrai, mais il est cependant resté des questions, qui, à l'heure qu'il est, sont aussi vivaces qu'alors.

Quoiqu'il en soit, c'est parce que les fabricants avaient raison, qu'on fit l'enquête dont je parlais tout à l'heure.
C'est parce qu'ils avaient raison que l'on fit la loi du 7 mai 1864.

Cette loi, sur les dispositions de laquelle j'aurai l'occasion de revenir, consacra le droit du sucre indigène de participer au bénéfice de l'exportation.
Elle supprima la faculté d'abonnement.
Elle frappa le sucre brut de taxes différentielles. *En un mot, elle décréta les types.*

Ce n'est point, à coup sûr, du droit à l'exportation qui leur est si justement reconnu que se plaignent les fabricants.

Ce n'est pas, non plus, de la suppression de la faculté d'abonnement, qui, au fond, favorisait les nouveaux venus de la sucrerie au détriment des anciens : ces points ont été résolus, ou dans le sens de leurs demandes, ou d'après un accord préalable.

Les fabricants se plaignent *des types*, bien que beaucoup d'entre eux les aient demandés.........................
....

Qu'est-ce donc que les types ? En quoi peuvent-ils donner lieu à tant de récriminations ?

C'est ce que je me propose d'examiner ; mais je suis, pour cela, obligé de jeter un coup d'œil sur le passé.

III.

Dans les différents tarifs qui se sont succédé sur les sucres, on a toujours pu distinguer un droit que l'on pouvait regarder comme le *droit normal*, marquant, en quelque sorte, le niveau général de l'impôt; mais, autour de ce droit, il s'est presque toujours rencontré des taxes différentielles établies sur les nuances de la marchandise, et inspirées, la plupart du temps, comme moyen de pondération des divers intérêts engagés.

C'est ainsi que l'on fut amené à créer des *types* et des *classes*, c'est-à-dire à former des échantillons de nuances et de qualités diverses, que l'on considéra comme des étalons pour l'assiette du droit. Ce droit augmenta ou diminua selon que le sucre dénotait, par sa blancheur ou sa coloration, qu'il était plus ou moins pur.

Cette façon de procéder, de la part du fisc, vient probablement de ce que le commerce a toujours été dans l'usage d'évaluer la richesse des sucres d'après leur nuance. Cette règle est défectueuse, sans doute, mais les commerçants la corrigent, autant que possible, en tenant compte de l'expérience qui leur a fait connaître cette richesse suivant la provenance et le mode de production de la marchandise.

Quoiqu'il en soit, commerçants et douaniers avaient des *types*.

Ils ne sont donc pas nouveaux.

Ils ont, en effet, leur histoire.

Jusqu'au moment où le sucre indigène, objet de la jalousie des colons, fut, sur la demande de ceux-ci, frappé d'un impôt sous lequel on espérait le voir succomber, il n'y a pas eu, à proprement parler, *de loi des sucres*. La législation assez obscure, d'ailleurs, sur cette matière, se confondait avec les lois de douanes.

Cependant, et sans chercher à remonter à la législation de 1682, qui surtaxait les sucres blancs des îles ; à celle de 1684, qui interdit le raffinage aux colonïes ; et au décret de 1791, qui fit les classifications, je rappellerai qu'en 1813 les rigueurs du système continental, faiblement mitigées par les licences, avaient, en élevant le prix du sucre jusqu'à 7 francs le kilog., réduit la consommation à 7,000,000 de kilogrammes pour la France, dont la population était alors de 45,000,000 d'habitants. La paix ayant fait cesser cette contrainte et ouvrir les ports français à tous les sucres, nous eûmes la loi du 14 avril 1814, où l'idée des types et des classes était parfaitement nette et accentuée. Le sucre, en effet, y porte différentes dénominations, telles que :

Sucre tête,
Sucre terré,
Sucre brut.
Et les droits y sont échelonnés selon ces distinctions.

La loi du 17 décembre 1814, qui suivit immédiatement, est basée sur les mêmes principes, avec cette différence toutefois, que le sucre étranger y est surtaxé de 20 francs, par rapport à celui de nos colonies.

Une loi du 17 juin 1820, relative aux droits d'entrée en général, est plus fortement encore dans le système des types ; le sucre brut de l'île Bourbon y est taxé à.......fr. 37   50
Le terré de même provenance, à   60   »

Le brut blanc et terré autre que blanc des établissements français...................... fr. 70   »
Le terré blanc des mêmes établissements.....   90   »

La loi de douanes du 17 mai 1826 continue la perception
des mêmes droits avec les mêmes classifications.

Enfin, la loi du 26 avril 1833 établit le droit sur le sucre
des colonies françaises de la manière suivante :

Brut autre que blanc...	de Bourbon........ fr. 38	50	
	des Antilles et de la Guyane........	45	» »
Brut blanc	de Bourbon........	43	» »
	des Antilles et de la Guyane.........	50	» »
Terré de toutes nuances	de Bourbon.......	61	» »
	des Antilles et de la Guyane.........	70	» »

Une tarification analogue, mais avec des droits plus élevés,
frappait les sucres étrangers.

C'est ainsi que nous arrivames à l'année 1836, où on com-
mença à prendre le sucre de betteraves au sérieux et même à
lui contester le droit d'exister.

Les colonies fesaient entendre des cris de détresse. Le fisc
se mit de la partie. Depuis longtemps il réclamait un impôt
sur le sucre indigène. Il l'avait demandé en 1828, en 1832,
en 1833 et M. d'Argout présentait en 1836 un projet de loi
formel qui était laissé dans les cartons ; mais, malgré les
efforts des fabricants et l'éloquent plaidoyer de M. Mathieu
de Dombasle en faveur du sucre indigène (1), nous eûmes
enfin la loi du 18 juillet 1837 qui le frappa, à son tour, de

(1) *Du Sucre indigène et du Droit dont on veut le frapper*, par M. Mathieu
de Dombasle. — Paris, 1836. — Mme Huzard, libraire.

droits peu élevés par rapport à ceux actuels, mais avec indication que le rendement moyen du sucre brut au clairçage, terrage et raffinage serait déterminé par une loi, et que la quotité relative d'impôt à laquelle les sucres claircés, terrés ou raffinés seraient assujettis, serait fixée proportionnellement à ce rendement.

A partir de ce moment, les droits sur les sucres sont fixés par des lois spéciales. L'indigène a conquis sa place au soleil, et malgré ses puissants ennemis, il faut enfin compter avec lui.

C'est ainsi que nous eûmes la loi du 18 juillet 1838 qui avait, disait-on, pour objet d'établir l'équilibre entre la production coloniale et la production indigène (1).

Mais les ports de mer et les colonies ne cessent de se plaindre; ils demandent l'interdiction de la fabrication du sucre de betteraves, ou au moins des entraves nouvelles, dont la plus anodine consistait en l'égalité de l'impôt sur les deux sucres (2). Une loi du 3 juillet 1840 leur donne en partie raison et élève de 15 fr. à 25 fr. le droit qui le frappait.

Pour l'établissement de ce droit il y eut alors, comme en 1838, trois types :
Brut, autre que blanc ;
Brut, blanc ;

(1) Rapport de M. Dumont du 12 juin 1838.
Lettre de M. D. Blanquet à M. le comte d'Argout. 22 novembre 1838.
Mathieu de Dombasle. *Nouvelles Considérations sur la Question des Sucres.* — Paris. Décembre 1838. Mme Huzard, libraire.
(2) *Question des Sucres*, par M. A. de Morny. — 1839. Félix Locquin et Cie. Paris.
Des Colonies sucrières et des Sucreries indigènes. — Par M. Lestiboudois. — 1839. L. Danel, imprimeur.
M. Mathieu de Dombasle. — *Question des Sucres.* — Situation du débat en janvier 1840. — Mme Huzard, libraire.

Terré de toutes nuances (1).

En 1838, le Gouvernement, dans le but de pousser les colonies dans la voie du progrès, proposa le suppression de la surtaxe dont était frappé le *brut blanc*, mais ce projet fut rejeté dans l'intérêt de la *navigation* qui se plaignait de la diminution de ses transports et de *la raffinerie* qui réclamait contre la diminution de son travail (2).

Pour la raffinerie on disait : le sucre brut blanc, en passant dans la consommation, prive le travail métropolitain d'une source considérable de prospérité et d'une grande somme de salaire.

Et pour la navigation on faisait remarquer que le clairçage, épurant le sucre des matières les plus grossières, le rendait moins pesant *et diminuait ainsi la quantité transportable*. A cet égard, M. Molroguier, dans son savant ouvrage de 1840, fait remarquer « qu'empêcher le perfectionnement du sucre » colonial pour lui donner plus de pesanteur transportable, » est une mesure plus digne d'un siècle de barbarie que des » lumières de notre époque. Autant vaudrait, dit-il, forcer les » colons d'introduire des pierres et des métaux dans leurs » sucres pour en augmenter le poids (3).

Le commerce comptait six types au moins, qui, à cette époque, portaient les noms assez singuliers de :

(1) Le 1er type correspond au sucre brut. — Le 2e au sucre dont la valeur excède d'un sixième celle du 1er. — Le 3e au sucre dont la valeur dépasse d'un tiers celle du sucre brut.
Instruction de la Régie du 20 août 1838. — Page 2.
(2) Le rapport fait à la Chambre des députés porte ce qui suit page 3 : L'opinion générale jugea que l'intérêt des raffineries avait pesé plus que de raison dans la balance que l'on avait voulu tenir égale...
(3) *Examen de la Question des Sucres*, par M. Molroguier, 1840. — Rennes, imprimerie de A. Marteville. — Notes, p. LXIV.

Ordinaire;

Bonne ordinaire;

Bonne quatrième;

Belle quatrième;

Fine quatrième;

Et enfin type commercial.

C'était sur la bonne quatrième, représentant, à peu de chose près, le n° 12 d'aujourd'hui, qu'était établi le droit normal.

Les nuances au-dessus du type commercial étaient à peu près inconnues en fabrique, tandis que celles dites *ordinaires*, formaient la démarcation en dessous de laquelle les sucres n'étaient plus considérés que comme des bas produits.

Tout le monde sait qu'il se trouva, en 1842, des gens assez passionnés ou assez peu clairvoyants pour proposer de nouveau l'interdiction de la fabrication du sucre indigène, et le 10 janvier 1843 le Gouvernement, prêtant les mains aux rancunes coloniales, osait présenter aux chambres une loi qui ordonnait cette interdiction (1).

Il est vrai qu'il proposait, en même temps, le rachat des fabriques sous le nom d'indemnité.

On prétendait que l'industrie coloniale et l'industrie métropolitaine ne pouvaient exister simultanément, et on arrivait à cette étrange conclusion qu'il fallait sacrifier l'une ou l'autre.

« La passion vous aveugle, vous faites fausse route, s'é-
» criait pourtant le prisonnier de Ham. Au lieu de vous achar-

_____

(1) L'exposé des motifs dit : « La situation des colonies est des plus précaires. Elle exige un remède énergique. » . . . .

» ner contre le sucre de betterave, liguez-vous avec lui contre
» l'ennemi commun, le sucre étranger. La suppression de la
» fabrication indigène ne vous sera utile en rien, car le sucre
» étranger vous fera aussitôt une concurrence bien plus dan-
» gereuse. . . . .

Faut-il le dire, quelques grands fabricants enrichis, ou
quelques petits fabricants ruinés ou endettés, s'étaient joints
aux vendales qui demandaient la suppression avec indemnité; mais, par contre, un comité d'hommes courageux prit
à cœur les intérêts des fabricants, qui réclamaient contre les
propositions du Gouvernement (1), et les défendit avec talent,
notamment dans une circulaire que se rappellent encore tous
ceux qui alors s'occupaient de la question. — M. Mathieu de
Dombasle se joignit à eux et démontra que poursuivre la des-
truction de la sucrerie indigène était une chimère dont on se
repentirait le lendemain (2).

Heureusement pour l'agriculture et pour la France, tant
d'efforts ne furent pas vains; la Chambre des députés refusa
de s'associer à l'acte barbare (3) qui lui était proposé; mais,
comme fiche de consolation au profit de ceux qui demandaient
la mort d'une industrie qui devait servir de levier aux perfectionnements agricoles, elle augmenta l'impôt sur l'indigène.

Entre les deux intérêts rivaux, il y avait cependant un troi-
sième intérêt qui méritait bien qu'on s'occupât de lui : c'était
celui du consommateur. Si on abaissait les droits sur le sucre

(1) Ce comité était composé de MM. Fouquier d'Hérouel, président,
H. Bernard, Duplaquet, Gouvion-Deroy, Ed. Grar, secrétaire.
(2) Mathieu de Dombasle, *Question des Sucres en 1843.* — Paris. Mme
Bouchard-Huzard.
(3) L'idée de supprimer la fabrication indigène est une idée barbare....
......la mettre à exécution, ce serait un crime et une faute...........
(*Analyse de la Question des sucres*, par le prince Louis Bonaparte, p. 78 et 79.)

colonial, sans grever davantage le sucre indigène, on augmentait la consommation en favorisant la production, qui, prenant un plus grand essor, ouvrait le marché aux deux industries, qui pouvaient ainsi vivre et s'enrichir.

Dans ce système il y avait profit pour tout le monde; la vérité était dans le dégrèvement qui établissait l'équilibre entre la production générale et la consommation.

La Chambre, quoique bien disposée, ne le comprit pas ainsi; elle s'attacha au système déplorable et compressif de l'impôt, et elle crut trouver un équilibre impossible alors entre les deux produits en votant, le 2 juillet, une loi qui augmentait le droit sur l'indigène.

Il y eut deux types et trois classes (1).

Le droit de 1840 fut augmenté d'un dixième pour les sucres au-dessus du premier type; de deux dixièmes pour ceux d'une nuance supérieure au second type; et de trois dixièmes pour les sucres en pains mélis et quatre cassons et pour les candis. En réalité il y avait quatre types.

Il n'y eut pas de types pour les sucres étrangers, mais ils furent divisés en deux classes:
1° Sucres autres que blancs avec des droits variant de 60 à 80 fr., suivant provenance et pavillon;
2° Sucres bruts blancs ou terrés de toutes nuances avec des droits de 80 à 105 fr. (2).

(1) MM. Mauguin et Jollivet avaient proposé des amendements dans le sens du droit unique. — Ces amendements furent repoussés.
(2) La loi de 1843 ne proposait qu'une chose. — La ruine de l'industrie indigène...... Elle était destinée a périr...... Si elle n'a pas succombé c'est uniquement parce que des prodiges d'invention sont venus à son aide......
(M. Lequien. *Moniteur* du 17 mai 1860.)

En 1850 le raffinage en fabrique, malgré les trois dixièmes dont ses produits étaient surtaxés, avait pris un certain développement. On espérait, par lui, arriver à détruire le monopole des raffineurs libres, et les fabricants raffineurs ne cessaient de réclamer contre ces trois dixièmes, qu'ils regardaient comme étant de nature à amener leur ruine.

Raffineurs libres et fabricants-raffineurs étaient en guerre ouverte. Dans les deux camps on s'accusait réciproquement de jouir de priviléges énormes, et on se renvoyait, de part et d'autre, de vives accusations de fraude. La lutte fut considérable, ainsi que l'attestent les journaux et les écrits du temps (1).

Le Gouvernement s'émut et l'assemblée nationale fut saisie d'un projet de loi.

Les types ne semblaient plus alors représenter, assez équitablement, la proportionnalité (2), et M. Buffet, depuis ministre

---

(1) *Intérêts opposés des fabricants raffineurs et des raffineurs libres*, M. Numa Grar. 1850. Imprimerie Prignet à Valenciennes.

La Question des Sucres au point de vue des priviléges des raffineries libres, par Ad. Lequime. — Mars 1851. Imprimerie Prignet.

De l'Exercice des raffineries libres, par Ad. Lequime. — Avril 1851. Imprimerie Prignet.

De l'Exercice des raffineries libres, par H. Bernard, 1851. — Paris. Guirauday et Jouant.

De l'Exercice des raffineries, par Bayvet. — 1851. Veuve Dondey.

Exposé des motifs, par M. Dumas, ministre du commerce. — 12 juillet 1850.

Rapport à l'assemblée nationale, par M. Beugnot. — 25 février 1851, pages 71 et suivantes.

(2) Rapport de M. Lestiboudois, représentant du peuple, au Conseil général de l'agriculture, des manufactures et du commerce. — 3 mai 1850, p. 15 et suivantes.

du commerce, s'exprimait à leur égard, devant l'assemblée, de la manière suivante :

. . . .

« Il résulte de l'ensemble de la législation actuelle une
» disposition qui, il est vrai, n'y est écrite nulle part mais qui
» résulte pour toute personne qui sait lire cette législation et
» la comprendre de l'ensemble de tous ces articles, et cette
» disposition est celle-ci : *Il est interdit aux Français de man-*
» *ger du sucre qui ne soit pas raffiné !* Voilà le fond de la légis-
» lation actuelle.

» En effet, j'ai dit au commencement de ce débat que l'on
» avait établi trois types, mais en réalité que tous les sucres
» qui se présentaient à la perception se trouvaient rangés dans
» un seul de ces types, dans le type inférieur.

» A quoi donc servent les deux types supérieurs dans les-
» quels on n'a jamais rien à classer parce qu'il ne se trouve
» presque pas de sucre rentrant dans les deux types supé-
» rieurs ; à quoi servent-ils ? A classer les sucres qui devraient
» y être compris ? Non, Messieurs ; ils servent à une seule
» chose ; *ils servent à empêcher ces sucres de se produire et*
» *d'exister.*

. . . .
. . . .

» De telle sorte que les deux types supérieurs sont, en quel-
» que sorte, deux enceintes contraires, *deux fortifications éle-*
» *vées autour de la raffinerie pour en interdire l'approche* (1). »

Déjà pourtant, dès 1843, on était bien revenu des anciennes idées sur les types. On lit, en effet, dans le rapport de la loi du 2 juillet :

« Pour le sucre colonial les différences ne sont nullement
» en proportion à la valeur de ces sucres. Elles équivalent à
» une prohibition pour les deux dernières qualités. La légis-

(1) *Moniteur* du 3 avril 1851.

» lation a cru devoir les établir dans le but de favoriser la ma-
» rine en lui faisant transporter un poids plus considérable à
» l'état brut, et l'industrie métropolitaine *en lui assurant*
» *exclusivement le raffinage de ce sucre.*

» Mais ces dispositions ont été inspirées *sous l'empire de*
» *convictions erronées* (1). »

Pour obvier aux inconvénients de la loi de 1843, et signalés d'une manière si saisissante et si pittoresque par M. Buffet, on cherchait la proportionnalité absolue, et on crut y arriver par la loi des 19 mars, 22 mai et 13 juin 1851, dont l'article premier est ainsi conçu :

« Les sucres et les sirops de toute origine seront imposés
» en raison de la quantité de sucre pur qu'ils renferment et de
» leur rendement au raffinage.

» Le rendement des sucres et des sirops, ayant une richesse
» absolue de 99 p. 0|0, est fixé à 98 p. 0|0 et décroît succes-
» sivement de deux centièmes par chaque degré centésimal de
» sucre pur.

» Les droits à acquitter décroîtront dans la même progres-
» sion.

» Il est accordé aux raffineries non annexées à des fabri-
» ques de sucre indigène une tolérance de 6 p. 0/0 sur la
» prise en charge des sucres.

» Des décrets rendus sur la proposition des ministres de
» l'agriculture, du commerce et des finances, pourront mo-
» difier les bases du rendement, le rapport entre le rende-
» ment et les droits à acquitter, et la tolérance à accorder aux
» raffineries non annexées. Ils seront présentés aux pouvoirs

(1) Rapport de M. Gaulthier de Rumilly, p. 99.

Voyez dans le même sens le rapport de M. Rossi, du 20 juin 1843, p. 41.

Voyez aussi le rapport de M. Benoist, député, du 16 juillet 1844, p. 43 et suivantes.

En 1845, M. Benoist regrettait encore de voir l'impôt assis d'une manière si imparfaite au moyen des types. Rapport du 12 avril 1845, p. 3.

» législatifs pour être convertis en lois dans un délai de trois
» mois à partir de leur mise à exécution. »

Cette loi ne devait recevoir son effet qu'à partir du 1er janvier 1852 ; en attendant elle décida (article 15) qu'il y aurait un type et deux classes avec une différence de droits de 3 francs par cent kilogrammes.

Mais le Gouvernement trouva sans doute des difficultés pour son application, car, par un décret du 21 décembre 1851 sur le rapport de M. Fould, il en ajourna l'exécution au 1er juin 1852.

Soit que ces difficultés fussent réellement insurmontables, soit pour tout autre motif, ce décret ne tarda pas à être suivi d'un autre du 27 mars 1852 qui rétablit les types et qui fixa à 45 fr. le droit sur le premier type indigène avec augmentation de 3 francs pour le type supérieur.

La loi de 1851 fut donc considérée comme une lettre morte.

Les divers lois et décrets qui suivirent jusqu'en 1860 et qui s'appliquaient soit au sucre indigène, soit au sucre colonial et notamment la loi des 28-30 juin 1856, eurent tous pour principe les types avec une augmentation de droit selon nuance.

IV.

En·1860, le Gouvernement est sous l'empire d'autres idées.
C'est alors que parut, comme on sait, le programme économique du 5 janvier, dans lequel l'Empereur disait, entre
autres choses, « il faut débarrasser l'industrie de ses entraves. »

Fidèle à ce programme le Gouvernement proposa et obtint
le vote d'une loi portant : .

Premièrement. Dégrèvement de 30 fr. par 100 kil. de
sucre (1).

Deuxièmement. Unité de types ou plutôt de droit (2).

(1) Le dégrèvement de 30 fr. par 100 kil. donna lieu à des réclamations
de la part des raffineurs qui demandaient le remboursement de la différence
des droits sur les quantités en travail. Cette demande, qui se basait sur un
précédent fourni par la loi du 31 octobre 1848, relative aux sels, fut repoussée. (Voir à cet égard le *Mémoire* de MM. Jules Fontaine et Cie, raffineurs à
Valenciennes. — Paris, 1860. Imprimerie Paul Dupont.)

(2) Pour repousser les détaxes et justifier le type unique M. Lequien disait
au Corps législatif : « On a peine à comprendre comment la législation
» semble s'être étudiée à élever des obstacles destinés à empêcher la pro-
» duction du sucre à bas prix. Cela résulte de la manière dont on a compris
» l'intérêt colonial et l'intérêt maritime ; on a cru que ces intérêts seraient
» compromis, perdus et anéantis si les colonies françaises ne fournissaient
» pas à la marine métropolitaine des transports considérables de sucre.
» Dans cette pensée la législation a été combinée de telle sorte que les

Troisièmement. Faculté d'abonnement (1).

En proposant ces mesures, le Gouvernement voulait pousser tout à la fois à la consommation d'une denrée, fille de l'agriculture, et au progrès de la fabrication, par la production directe du sucre blanc, de manière à la mettre à la portée du plus grand nombre (2).

Les récents progrès de l'industrie sucrière métropolitaine et coloniale laissaient entrevoir la possibilité d'un pareil résultat...

Voilà pour la législation française, qui, ainsi qu'on le voit, avait eu jusqu'alors pour base de la tarification, un sucre type d'une nuance déterminée; puis, à partir de ce type, et à mesure que la richesse saccharine s'élevait, le droit augmentait proportionnellement, de telle sorte que 95 kil. d'une nuance plus élevée, payaient autant que 100 kil. de la nuance sur laquelle reposait le droit normal.

» colonies ont été poussées à la production exclusive des sucres et à la
» désertion des autres cultures..
» ....
» ....
» On a encouragé les colonies à persévérer dans leur mode de production
» imparfaite... ....
» ....

(Moniteur du 17 mai 1860.)

(1) La faculté d'abonnement acceptée avec enthousiasme par le département de l'Aisne, était repoussée par le Nord et le Pas-de-Calais. (Examen de l'article 1er du projet de loi sur les sucres, relatif à l'abonnement, par un grand nombre de fabricants du Nord et du Pas-de-Calais. — Lille. Imprimerie Danel.)

Une brochure en faveur de l'abonnement, signée *un Fabricant du Pas-de-Calais*, parut cependant en réponse à la précédente. — Lille. Imprimerie E. Reboux. 1860.

(2) Le nouveau mode de perception permettra aux industriels de livrer leurs produits à l'état parfait. .... Il y aura ainsi économie

La tarification de 1860 n'avait donc plus pour base le principe de la richesse saccharine.

Le projet initial avait cependant proposé l'établissement d'un sous-type applicable avec réduction de taxe aux qualités inférieures. Le Comité de Lille et la raffinerie parisienne y poussaient (1), mais on a craint alors, que sur ce terrain, les sucres étrangers ne fissent une concurrence trop dangereuse au sucre de nos colonies, et la majorité de la commission du Corps législatif obtint du Gouvernement la suppression de cette disposition.

Le principe de la tarification par un droit unique, quoique combattu par la raffinerie libre, fut voté et forma, avec l'abonnement, le fond de la loi du 23 mai 1860.

du bénéfice légitime que fesait le raffineur. . . . .
. . . .
La défense faite à un fabricant de perfectionner son produit, l'injonction de maintenir la fabrication dans une persistante enfance, n'est-ce pas une barbarie industrielle ?. . . . (M. Devinck. — *Moniteur* du 20 mai 1860.)

(1) *Observations sur le projet de loi des Sucres.* — Lille. Imprimerie Reboux.

Observations soumises au nom de la Raffinerie. — 1860. — Paris. Imprimerie Paul Dupont.

V.

Je suis loin d'avoir, pour les coutumes anglaises, l'engouement systématique que certaines personnes se croient obligées
d'avoir pour elles; mais, sans partager cet engouement, je me
conformerai cependant à l'usage invétéré chez nous et qui con-
siste à comparer tout ce que nous faisons politiquement ou
commercialement, à ce qui se fait chez nos voisins d'outre-
Manche, ces éternels rivaux avec lesquels nos affaires ont aujourd'hui une si grande solidarité. Je ne veux tirer nulle conclusion de cette comparaison, attendu que les habitudes anglaises sont basées sur des intérêts et des besoins qui ne sont
point les nôtres, et qu'on ne pourrait nous imposer sans blesser
nos propres intérêts et nos goûts.

En Angleterre donc, l'administration était, jusque dans ces
derniers temps, obligée de renouveler, chaque année, le *bill*
sur ce qu'on appelle les accises. Malgré cela, la législation sur
le sucre n'avait pas varié depuis 1857, temps relativement
fort long, si nous le comparons à la durée trop éphémère de
nos diverses lois sur la même matière.

Cette législation comportait des types, et voici les droits qui
en résultaient :

	QUINTAL ANGLAIS (112 livres.)	POUR 100 K^{os}.
Sucre raffiné ou rendu, par un procédé quelconque, égal en qualité au sucre raffiné	18 sch. 04 den.	44 f. 95 c.
Terré blanc ou assimilé au terré blanc non raffiné et non assimilé au raffiné	16 »	40 »
Moscouade blonde et terré brun ou sucres assimilés aux moscouades blondes ou terrés bruns	13 10	34 64
Moscouade brune ou autre sucre non égal en rapport et qualité aux moscouades blondes ou terrés bruns	12 08	31 64
Vesou (*Cane juice*)	10 04	25 80
Mélasses	5 »	12 50

Les types anglais (*standards*) sont calqués sur les types hollandais; ils répondent,

Savoir :

Le raffiné aux n^{os} . . . . 19 et 20.
Le terré blanc aux n^{os} . . . 15 à 18.
Le terré brun aux n^{os} . . . . 11 à 14.
Et les moscouades aux n°s 7 à 10.

VI.

Tel était l'état de la législation en France et en Angleterre en 1861, lorsque la Question des Sucres fut remise sur le tapis dans les deux pays.

Sur le continent la sucrerie indigène toute entière réclamait le droit à l'exportation, mais elle était très-divisée quant aux types.

Un homme d'état éminent et d'une compétence incontestable, reconnaissait que la question des types, pour la perception de l'impôt, était l'objet *d'une vive controverse entre beaucoup de bons esprits* (1).

La même division se manifesta, à cet égard, en Angleterre, et comme si, de part et d'autre, on se fût donné le mot, des enquêtes s'ouvrirent ; en Angleterre, devant une commission de la Chambre des communes, en France, devant le Conseil supérieur du commerce.

Mon intention (que le lecteur se rassure) n'est pas de reprendre une à une les dépositions de ces enquêtes, chacun les appréciant à sa manière et un peu selon ses propres vues ; mais je constate tout d'abord que la consommation anglaise se con-

(1) Lettre de M. Rouher, ministre du commerce, au Préfet du Nord, du 22 avril 1863.

tentant de raffinés de qualité inférieure et même de sucre brut exotique tout simplement (*frocery sugars*), il semble naturel que le Gouvernement anglais, ait prévu la nécessité de faciliter l'arrivée, dans ses ports, de sucres de toutes nuances ; il y était d'autant plus excité, que, chez nos voisins, la raffinerie n'opère pas comme chez nous ; elle fait, en effet, des sucres de toutes espèces plus ou moins épurés, selon les besoins et les habitudes des consommateurs.

C'est ce qui n'a pas lieu en France où l'on ne fabrique généralement que des mélis et des lumps.

Je me bornerai donc à donner ici les conclusions de la commission de la Chambre des communes et qui sont ainsi formulées :

« La commission déclare :

» 1° Que le revenu que le trésor retire des droits du sucre » ne pourrait pas, sans injustice pour les consommateurs des » sortes inférieures, se percevoir à l'aide d'un droit unique » applicable à toutes les sortes de sucre.

» 2° Qu'il n'est pas possible de frapper les sucres de droits » correspondant exactement à la qualité ou à la valeur desdits » sucres.

» 3° Qu'il est nécessaire de maintenir le principe de droits » échelonnés, avec types ; chaque catégorie renfermant plu-» sieurs sortes de sucres frappés d'un même droit.

» 4° Que les droits doivent être établis de manière à favo-» riser, de la façon la plus large, l'approvisionnement des » sucres de toutes provenances et de toutes sortes, qu'ils » soient raffinés ou non.

» 5° Que le tarif actuel serait plus équitable, s'il était » modifié de manière à frapper d'un droit moindre, les sortes » inférieures des catégories actuellement grevées des droits de » 31.64 et de 40 par 100 kilog.

» 6° Il résulte de l'enquête, que ces modifications ne porte-» ront aucune atteinte sérieuse au revenu,

» 7° Que la commission ne peut recommander l'adoption
» du raffinage en entrepôt. »

Conformément à ces conclusions, le Gouvernement anglais
a plus que jamais persisté dans les types, et le 7 avril 1864,
M. Gladstone, Chancelier de l'échiquier, fesant au parlement
l'exposé financier du Royaume-Uni, lui proposait une réduction
considérable des droits sur les sucres.
Il s'exprimait ainsi :
« Le système actuellement en vigueur est basé sur des
» types divers et des droits gradués ; les uns l'exaltent comme
» la perfection de la loi, les autres en disent tout le mal
» possible.
» Je suis bien forcé de reconnaître que le principe des types
» repose sur l'autorité de l'expérience ; lorsque le sucre colo-
» nial avait le monopole de nos marchés, nous avions le droit
» unique ; mais nous avons dû, peu à peu, nous départir de
» ce système à mesure que nous avons appelé en Angleterre
» les sucres de tous les pays du monde et que nous nous
» sommes trouvés en présence de natures et de qualités de
» produits, présentant les plus grandes différences de ri-
» chesse. »

M. Gladstone allait plus loin, il attribuait au système des
types, les progrès extraordinaires de la consommation anglaise
dont il fesait le tableau suivant :

En 1841, la consommation était de 17 liv. par habitant.
En 1851.   —   26 liv. 3/4.
En 1861,   —   35 liv. 1/4.
En 1863.   —   35 liv. 3/4.

Dans le but de pousser à une consommation plus considérable encore, et de donner plus de fixité à la législation,
M. Gladstone soumettait au parlement et lui fesait adopter
une loi définitive, au lieu d'une loi annuelle, dans laquelle il

établissait un type nouveau pour les sucres au-dessous du n° 7 de Hollande, de sorte qu'au lieu de trois types qu'avait précédemment l'Angleterre, sur le sucre brut, elle en possède aujourd'hui quatre échelonnés de la manière suivante :

Raffinés (n⁰ˢ 19 et au-dessus) 12 sch. 10 den. par 112 liv.

Raffinés (n⁰ˢ 19 et au-dessus)	12 sch.	10 den.	par 112 liv.	
1ᵉʳ type (n⁰ˢ 15 à 18)	11 »	8 »		»
2ᵉ type (n⁰ˢ 11 à 14)	10 »	6 »		»
3ᵉ type (n⁰ˢ 7 à 10)	9 »	4 »		»
4ᵉ type (n⁰ˢ 6 et au-dessous)	8 »	2 »		»
Vesou (mélado)	6 »	7 »		»
Mélasses	3 »	6 »		»

Ainsi le Gouvernement anglais réduisait les droits :

Sur le raffiné de	5 sch.	6 den.	
le 1ᵉʳ type de	4 »	4 »	
le 2ᵉ type de	3 »	4 »	
le 3ᵉ type de	3 »	4 »	
le mélado de	3 »	9 »	
les mélasses de	1 »	6 »	

La création du nouveau type au-dessous du n° 6 de Hollande équivalait au fond à une réduction de 4 sch. 6 den.

VII.

L'enquête française révéla, à l'endroit des types, comme l'avait fait pressentir M. Rouher, une divergence d'opinion très-tranchée, non-seulement parmi les représentants de la sucrerie indigène, mais entre les délégués des colonies et les représentants de nos ports, dont à première vue on pourrait croire les intérêts connexes. Pour le droit unique on a dit à cette enquête (1) :

Que les types étaient la négation de tout progrès; que c'était faire un pas en arrière et revenir aux anciennes pratiques, que la loi de 1860 avait eu le but d'éloigner.

On ajoutait que l'avenir de la sucrerie indigène était dans la production du sucre blanc directement consommable et que les types rendaient ce progrès impossible.

(1) M. Linard. *Enquête sur le régime des sucres*, p. 51
    M. Vion,   Id.   Id.   Id.   287
    M. Devienne.   Id.   Id.   Id.   291
    M. Georges.   Id.   Id.   Id.   316
    M. Vilain.   Id.   Id.   Id.   319
    M. Levavasseur.   Id.   Id.   Id.   372
    M. E. Baroche.   Id.   Id.   Id.   390
    M. Denis.   Id.   Id.   Id.   429
    M. Belin.   Id.   Id.   Id.   441
    M. Meynadier.   Id.   Id.   Id.   496
    M. Emsens, raffineur à Marseille.   274
    M. Deville, raffineur à Marseille.   281

On citait, comme exemple, ce qui se passait dans les fabriques abonnées, qui, seules, produisaient du sucre au-dessus du n° 20, dispensées qu'elles étaient, en vertu de leur abonnement, de payer la surtaxe d'un dixième.

Les délégués de la Réunion, de la Martinique et de la Guadeloupe considéraient également les types comme le don le plus funeste qu'on pouvait leur faire. Ils déclaraient que la seule planche de salut qui leur restait, résidait exclusivement dans les progrès de la fabrication, progrès qu'on leur reprochait de ne point réaliser sous prétexte d'inertie et qu'ils ne pouvaient cependant poursuivre qu'avec le maintien du droit unique.

Enfin les représentants des colonies insistaient pour le type unique en demandant la liberté du travail et une législation protectrice des procédés perfectionnés ; ils déclaraient qu'à ces conditions, ils étaient prêts à accepter l'assimilation avec la sucrerie indigène (1).

Les ports de mer sans exception (2) et une grande partie

(1) M. Delarcinty. *Enquête sur le régime des sucres*, p. 473
    M. de Rancougne. Id. Id. Id. 485
    M. Robin. Id. Id. Id. 490
    M. de Poyen. Id. Id. Id. 491
    M. Lepelletier de St-Rémy. Id. Id. 480
(Il y a dans ce sens une délibération de la Chambre d'agriculture de la Grande-Terre (Guadeloupe) du 31 janvier 1862, approuvée par 40 délégués de cette colonie le 25 avril suivant.)
(2) M. Courtot. *Enquête sur le régime des sucres*, p. 251
    M. Bergasse. Id. Id. Id. 255
    M. Grandval. Id. Id. Id. 261
    M. Rostand. Id. Id. Id. 270
    M. Louédin. Id. Id. Id. 38
    M. Ancel. Id. Id. Id. 39
    M. Massot. Id. Id. Id. 274
    M. Arman. Id. Id. Id. 262
    M. Abribat. Id. Id. Id. 465
    M. James Lockhart. Id. Id. Id. 379
    M. Gevers. Id. Id. Id. 386

des représentants de la sucrerie indigène (1) c'est-à-dire ceux-là que M. Dureau appelait une espèce d'armée de Coblentz et qu'il qualifiait même d'un mot plus dur (2) parlaient au contraire en faveur de l'établissement des types ; ils les réclamaient au nom de la *proportionnalité de l'impôt*. Ils faisaient valoir, entre autres raisons, qu'il n'était pas juste qu'un sucre renfermant 90, 95 ou 98 0/0 ne payât que le même droit que le sucre ne rendant que 75 ou 78 0/0. Le progrès, ajoutaient-ils, qui ne réside que dans une immunité d'impôt, n'est pas un progrès. D'après eux, la majeure partie des améliorations apportées à la fabrication du sucre datait de l'époque où nous avions des types.

Les ports insistaient sur la nécessité de favoriser les bas sucres exotiques, pour faire du marché français un marché susceptible de faire la concurrence à celui d'Angleterre.

Ceux-là mêmes qui proposaient l'impôt à la consommation, demandaient des types après raffinage (3).

La raffinerie parisienne, avec une prudence dont on est bien tenté de la louer, se tenait discrètement en dehors de l'enquête. M. Say seul fut entendu, et il déclara qu'il ne par-

(1) M. Bertin. *Enquête sur le régime des sucres*, p. 294
    M. Robert de Massy. Id.   Id.   Id.   322
    M. Henri Bernard. Id.   Id.   Id.   352
    M. Leurent. Id.   Id.   Id.   336
    M. Stiévenart. Id.   Id.   Id.   371
    M. Champon. Id.   Id.   Id.   452
    MM. Verzier et Delaunay. Id.   Id.   Id.   453
    M. Gaillard. Id.   Id.   Id.   503
(2) *La Question des Sucres devant les consommateurs*, p. 10 et 11.
(3) M. Mercier. *Enquête sur le régime des sucres*, p. 366
    M. le marquis d'Havrincourt. Id.   Id.   404

lait qu'en son propre et privé nom ; il se prononça pour les types (1).

Comme on le voit, la lutte était vive au sein du Conseil supérieur, qui opina pour les types dans sa séance du 15 octobre 1863 dans les termes suivants :

« *Le Conseil adopte le principe de la multiplicité des types.* »

Je sais bien qu'il a été élevé des doutes sur la légitimité, la légalité même du vote du Conseil supérieur. On a prétendu que ce vote en faveur des types était dû à la participation des délégués aux délibérations, et le procès-verbal de la séance du 21 octobre 1863 (2) offre la relation d'une discussion très-intéressante à cet égard ; mais je dois me borner à constater la nature de la décision prise, en fesant remarquer qu'elle était justifiée, quant à la forme, par les usages pratiqués précédemment sur les autres questions.

(1) M. Say. *Enquête sur le régime des sucres,* p. 329
(2)   Id.   *Enquête sur le régime des sucres,* p. 635, 636, 637 et 638.

VIII

Ce n'était point seulement au palais du Conseil d'Etat que se manifestaient les divergences d'opinions entre les colonies et les ports d'une part, et entre les fabricants de sucre indigène eux-mêmes, d'autre part.

Les innombrables brochures et les articles de journaux (1) publiés par les intéressés pendant les années 1862, 1863 et 1864, démontrent assez combien ces divergences étaient considérables.

Nous eûmes d'abord les membres du Comité sucrier de Lille, qui démontrèrent que la révision du régime général des sucres était nécessaire, et que les conditions d'équilibre entre les divers intérêts engagés, résidaient principalement dans le rétablissement des types (2).

Vint ensuite une note de M. Corenwinder sur la question des

---

(1) Voir, dans le *Journal des fabricants de sucre*, les articles de M. Dureau et les lettres publiées dans ce journal par MM. de Poyen, de Rancougne, Devienne, etc.

Dans *La France*, les articles de M. Jourdier.

Dans *La Presse*, ceux de M. Sanson.

Dans *La Patrie*, ceux de M. Louis Bellet.

Dans *Le Siècle*, les articles de M. V. Boric.

Dans *L'Avenir commercial*, ceux de Michel Desplanches, etc., etc.

(2) *Révision du régime général des sucres.* — Lille, imprimerie Lefebvre-Ducrocq, 1862. — P. 21.

sucres, où le drawback, tel qu'il était pratiqué, était apprécié à sa juste valeur (1).

Puis la brochure de M. Dureau, qui eut un si grand rétentissement, et qui proposait la mesure si radicale d'un droit unique sur tous les sucres, raffinés ou bruts, et par une conséquence logique le remboursement des droits à l'exportation sur la base de poids pour poids ; le droit commun, quant au drawback, et l'extension de la faculté d'abonnement (2).

Au même moment paraissait la fameuse brochure de M. Lepelletier de St-Remy, où le véhément écrivain développait, avec le talent qu'on lui connait, ces deux thèses qui lui servaient d'épigraphes :

« Le drawback est un avantage réservé aux sucres qui na
» viguent. »

« Pour les colonies une détaxe à l'entrée, combinée avec
» une prime uniforme à la sortie (3).

Nous avions déjà sur la question un mémoire anonyme sur l'augmentation du rendement, votée depuis, par la loi du 29 avril 1863 (4).

Nous eûmes ensuite la brochure de M. Coste, remettant au jour l'idée de l'impôt à la consommation (5).

---

(1) *Note sur la Question des Sucres*, par M. B. Corenwinder. — 1863, Lille, imprimerie Leleu.

(2) *La Question des Sucres devant le consommateur*, par B. Dureau. — 1863. — Paris. E. Dentu, libraire éditeur.

(3) *Le Drawback du Sucre indigène et la Détaxe coloniale*, par Lepelletier de St-Remy. — 1863. — Paris. Librairie Guillaumin.

(4) *Considérations sur la Question des Sucres.* — 1863. — Marseille. Typographie Arnaud et Cie.

(5) *Solution de la Question des Sucres*, par M. E. Coste. — Mars 1863. — St-Quentin. Librairie Hourdequin.

Puis sur le même thème, le recueil de différents mémoires adressés à l'Empereur par Félix Houzé (1) ; et enfin une brochure très-lucide de M. H. Leplay proposant une sorte d'abonnement forcé à raison de fr. 0,60 par degré du densimètre de Gay-Lussac et par hectolitre de jus, et une disposition tendant à ce que, dans l'intérêt de la stabilité, aucun changement ne puisse être apporté dans la législation sucrière avant une période de quinze années (2).

Je l'ai dit tout à l'heure, les contradictions marchaient, pour ainsi dire, côte à côte et on voyait des fabricants d'un même arrondissement, d'un même canton, avoir sur les types, notamment, des idées diamétralement opposées.

A Lille, un homme qui fait autorité dans la matière, demandait des types (3) : à côté de lui, c'est-à-dire à Haubourdin, un fabricant d'une expérience notoire professait des idées tout-à-fait contraires (4).

Dans la Somme on se prononçait pour l'abonnement et pour le type unique (5), en demandant un droit de 46 fr. sur le raffiné et 43 fr. sur le brut et les vergeoises ; tandis qu'à côté, la grande majorité des fabricants de sucre de l'arrondissement de Douai se séparait de ses délégués au Comité central, parce que

(1) Gien. Imprimerie de Th. Clément. 1863.
(2) *L'impôt sur le Sucre considéré au point de vue des progrès à réaliser dans la fabrication*, par H. Leplay. — 1863. — Paris. Eugène Lacroix, éditeur.
(3) *La Question des Sucres devant le Droit commun*. par H. Bernard. — Septembre 1863. — Lille. Imprimerie Lefebvre-Ducrocq.
(4) *Observations sur la brochure précitée*, par A. Bonzel. — 1863. — Lille. Imprimerie Reboux.
(5) *Encore la Question des Sucres*, par E. Vion. — 1863. Péronne. Typographie St-Quentin.

dans ce Comité, ils s'étaient prononcés pour l'abonnement et le droit unique (1).

On ne saurait trop le répéter, ceux qui demandaient le droit unique se posaient au point de vue de la liberté du travail et des facilités à accorder au progrès ; tandis que ceux qui demandaient le tarif gradué, autrement dit les types, invoquaient la proportionnalité de l'impôt.

(1) *Rapport au Comité sucrier de l'arrondissement de Douai*, par MM. Delaunay, Honoré et Verzier, 20 août 1863. — Douai. Typographie de veuve Céret.

IX.

Justement préoccupé des sacrifices que lui imposait le mode de drawback en vigueur, le Gouvernement avait entamé des négociations avec l'Angleterre, la Belgique et la Hollande et ouvert à Paris des conférences au moyen desquelles il voulait, tout en réservant à chaque pays sa liberté d'action quant à l'impôt en lui-même, arriver à une entente commune pour l'établissement du drawback accordé au sucre raffiné.

Le désir du Gouvernement était d'exonérer le Trésor d'un sacrifice qui n'avait d'autre effet, que de permettre de livrer le sucre raffiné à meilleur marché que chez nous-mêmes, aux pays à qui nous le vendons.

En France, en un mot, on voulait un drawback unique se rapprochant, autant que possible, de la réalité, afin de faire cesser le trafic des quittances et de faciliter l'admission de tous les sucres à l'exportation.

Les délégués des différents pays constatèrent, tout d'adord, les difficultés d'arriver à l'entente que l'on poursuivait, et même l'impossibilité de cette entente, sans une série de types à laquelle il serait affecté des rendements différents, selon nuance.

Dans la pensée de la réussite des conférences, les types s'imposaient donc d'eux-mêmes à tous les pays exportateurs, sinon quant à la fixation de la quotité du droit, mais au moins quant à celle des rendements à appliquer pour le drawback. L'Angleterre était. sous le régime des types; la France et la Hollande y inclinaient visiblement; l'entente était donc facile de ce côté. Mais il n'en était pas de même de la part de la Belgique, dont les délégués répugnaient énergiquement à toute idée de classification.

Voici comment, en effet, dans ces conférences, s'exprimaient ces délégués :

« Le système des types ne saurait favoriser l'intérêt du
» consommateur ; il sert seulement et exclusivement ceux
» du raffineur (1). Cela est si vrai que dans l'enquête an-
» glaise les raffineurs ont assuré, que si on voulait augmenter
» le nombre des types, ils accepteraient toutes les conditions
» que la loi jugerait devoir leur imposer (2).

Les commissaires belges ajoutaient : « Qu'entre mille incon-
» vénients des types il fallait craindre des difficultés, pour les
» agents des douanes, de faire une juste appréciation du tarif
» en déterminant à quel type se rapporteraient les sucres
» fabriqués ou importés. »

A cela on répondait :

« Que les types avaient servi en Angleterre à développer la
» consommation et à relever les recettes du Trésor (3).
» Que d'ailleurs le commerce fesait sans difficulté des dis-
» tinctions, non pas entre quatre, mais entre vingt nuances de
» sucres. Et que les ordres d'achat, pour les Indes occidenta-
» les, ne se transmettant que sur la simple indication du nu-
» méro ou type, on ne comprenait pas les appréhensions de la

(1) M. Guillaume, commissaire belge.
(2) M. Fisco, autre commissaire belge.
(3) M. Mallet, commissaire anglais,

» Belgique à l'égard de l'application, par ses agents, de droits
» reposant sur des nuances. Qu'au surplus on ne pouvait nier
» que des rendements, sur un certain nombre de types, pour
» lo drawback, étaient toujours plus justes et plus équitables
» qu'un rendement moyen quelconque (1). »

En résumé, les délégués de la France, de l'Angleterre et des Pays-Bas étaient d'accord, sinon sur les détails, mais sur le principe, que des types étaient nécessaires si on voulait arriver à supprimer les primes du drawback et à mettre chacun des pays exportateurs sur le même pied ; mais les délégués belges se refusèrent à toute concession à cet égard, persuadés qu'ils étaient que les types présentaient plus d'inconvénients que d'avantages.

La commission internationale se sépara le 16 avril 1863, sans rien arrêter définitivement ; mais la majorité de cette commission se prononça cependant pour un projet de convention internationale, portant en substance que les sucres bruts seraient divisés en trois catégories, savoir :

Sucre du n° 14 au n° 19.

»   » n° 10 au n° 14.

Et sucres au-dessous du n° 10.

Les sucres de 19 et au-dessus seraient considérés comme raffinés.

Ce projet portait en même temps que le droit sur le raffiné étant supposé de 100, les droits sur le brut devraient être échelonnés de la manière suivante :

92 pour les sucres au-dessus du 1er type.

(1) M. Uyttenhooven, commissaire hollandais. — *Conférences internationales*, page 53 du recueil.

84 pour ceux du 1er au 2me type.
74 pour ceux au-dessous du 2me type.
65 pour les sucres liquides (mélados), sirops et
mélasses contenant plus de 50 0/0 de sucre ;
Enfin, 105 0/0 pour le candi.

X.

C'est au milieu de ces divergences que le projet de loi, longuement élaboré, fut présenté au Corps légistatif (1).

Ce projet déterminait, entre autres choses, deux types pour la fixation de l'impôt et du rendement au raffinage. D'après lui, les sucres au-dessous du n° 13 étaient soumis au droit de 42 fr. par 100 kilogrammes ; ceux du n° 13 au n° 20 inclusivement, payaient 44 fr. ; les poudres blanches, maintenues parmi les sucres bruts, payaient 45 fr. ; et les raffinés des fabriques raffineries et des colonies payaient 47 fr.
Une disposition nouvelle était introduite :

Elle tendait à consacrer cette idée, que le sucre de betteraves était plus riche, au raffinage, que le sucre de cannes, et un règlement d'administration publique devait, ultérieurement, rendre en chiffres l'importance de la différence de richesse des deux sucres.

En un mot, le projet, avec la prétention de rendre justice à tout le monde, ne contentait personne.

Les réclamations s'élevèrent de tous côtés.

(1) *Exposé des motifs du 13 janvier 1864*, par M. Victor De Lavenay, conseiller d'Etat.

41

Les délégués de Valenciennes, dans une brochure (1) qu'ils adressèrent aux Corps constitués, démontrèrent facilement, par des chiffres et des arguments qui n'ont été ni contestés ni réfutés, que la prétendue supériorité que l'on accordait au sucre indigène n'existait pas, et ils insistèrent sur la nécessité de modifier les articles 1 et 6 du projet en réclamant l'égalité devant l'impôt. Ils prétendaient, et l'événement a justifié cette prétention, que les sucres devaient être classés de la manière suivante :

Java.

Réunion.

Maurice et Havane.

Indigène, Martinique et Guadeloupe.

Ils concluaient, de là, que l'égalité à leur profit n'était tout au plus que juste.

M. Giroud, raffineur à Douai, regrettait (2) que l'on eût repoussé le système de l'impôt perçu sur le raffiné, autrement dit l'impôt à la consommation ; mais amendant le projet, il demandait :

Un type au n° 9 avec droit de............	40 fr.
» du n° 9 au n° 14...............	42
» du n° 14 au n° 20	44
Poudres blanches...............	48
Raffiné dans les fabriques et dans les colonies.	51
Candi des fabriques et des colonies..........	54

M. Giroud s'élevait contre le défaut de proportionnalité de la taxation proposée, et comme le Comité valenciennois, récla-

____

(1) *Observations des délégués de l'arrondissement de Valenciennes sur le projet de loi.* — Valenciennes. Imprimerie de Louis Henry. — Janvier 1864.

(2) *Étude critique du projet de loi sur les sucres*, par C. Giroud. — Douai. 27 janvier 1864. Imprimerie Robaut.

mait l'égalité de l'impôt pour le sucre indigène et le sucre colonial.

Il s'élevait énergiquement contre les facilités accordées selon lui par le projet au raffinage en fabrique.

Le 18 janvier, la Chambre de Commerce de Bordeaux adressait au Corps législatif ses observations sur le projet (1).

Les dépositions des représentants des ports, lors de l'enquête, faisaient pressentir la nature des observations de la Chambre de commerce de Bordeaux. Ses protestations à l'égard des types sont des plus vives, et elle réclame, pour la France, une classification analogue à celle de l'Angleterre.

A l'appui de sa discussion elle produit le tableau suivant comparatif des deux législations :

DIFFÉRENCE PAR o/o Kᵒ.	EN ANGLETERRE.	EN FRANCE.
Entre les raffinés et le 1er type...	4.75	2 »
Entre le 1er type et le 2e	5.32	1 »
Entre le 2e et le 3e	2.97	2 »
Entre le 1er et le 3e........ ...	7.29	3 »
Entre les raffinés et le 3e type ...	12.94	5 »

La Chambre de commerce de Bordeaux, dans un intérêt facile à comprendre, posait, comme prouvée, la supériorité du sucre de betteraves sur celui de cannes, et elle regardait la différence comme étant de deux nuances, au moins, soit deux numéros.

En résumé, quant aux types, cette Chambre demandait l'établissement d'un système facilitant l'arrivage de fortes

(1) *Observations sur le projet de loi relatif aux sucres.* — Bordeaux, typographie de Bardet et Thiesson. 1864.

quantités d'outre mer et l'adoption du droit du 37 fr. pour les sucres inférieurs au n° 9.

Le 30 janvier, la Chambre de commerce de Lille était saisie de la communication du travail de M. Giroud, mais elle décidait, en même temps, l'impression à ses frais d'un nouveau travail de M. Henri Bernard (1), dans lequel le n° 11 de toute origine était proposé comme sous-type au droit de.   42 fr.

Les n°ˢ 11 à 20 44
Les poudres blanches et le raffiné en fabrique... 52
Le sucre candi........................... 56

Le 2 février, la Chambre de commerce du Havre, à son tour, procédait à l'examen du projet de loi et faisait parvenir au Corps législatif le rapport qu'elle avait adopté (2).

Comme la Chambre de Bordeaux, le Havre demandait des types plus en rapport avec la valeur de la marchandise et protestait contre l'admission du sucre de betteraves au bénéfice de l'exportation.

Plus tard, dans un amendement présenté par les délégués de la Chambre de commerce de Bordeaux (3), on proposait la saccharimétrie pour assurer la proportionnalité de l'impôt et on formulait ainsi la proposition.

« A partir du .... les droits sur les sucres seront perçus » d'après leur richesse saccharine déterminée par le sacchari- » mètre et à raison de 47 fr. les 0/0 kil. de sucre pur, décime » compris. »

C'était, comme on le voit, revenir à la législation de 1851 modifiée par le décret du 27 mars 1852.

(1) *Examen du projet de loi sur les sucres.* — Lille, imprimerie de L. Danel. 1864.
(2) Havre, imprimerie Cazavan et Cⁱᵉ. 1864.
(3) *Nouveau projet de loi présenté à titre d'amendement.* — Paris, imprimerie Poupart-Davyl et Cⁱᵉ. 1864.

Dans une brochure collective, ultérieure (1), les Chambres de commerce des ports se livrent à un nouvel examen des projets soumis aux délibérations du Corps législatif.

Dans cette brochure on établit deux points :

« Qu'à défaut de moyens plus précis, l'expérience et la pra-
» tique commerciales ont, depuis longtemps, sur tous les
» marchés du monde, déterminé par des types l'appréciation
» de la richesse des sucres...

....

» Que l'adoption du système des types pour la tarification
» des sucres bruts permettait seule de résoudre les nombreu-
» ses difficultés inhérentes à la question des drawbacks.....

....

» Mais que le projet de loi présentait une lacune regrettable
» et dont les conséquences seraient funestes pour le commerce
» maritime. — *Celle d'un sous-type pour les sucres bas avec*
» *droit et rendement proportionnels.* »

Il va sans dire que les Chambres de commerce des ports persistaient, dans ce nouveau travail, à demander pour le sucre de betteraves un *type-normal* moins élevé, en nuance, que pour le sucre de cannes et par conséquent des droits plus forts ! !..

A son tour le Comité central des fabricants de sucre fit entendre sa voix autorisée dans une brochure (2) du mois de février. Il y traita la question des sucres toute entière et il la fit envisager sous un aspect nouveau, notamment en signalant une omission fâcheuse, commise dans le traité de com-

(1) *Dernières observations des Chambres de commerce de Bordeaux, du Havre et de Marseille sur la Question des sucres.* — Paris, imprimerie Guyot et Scribe, 1er avril 1864.
(2) *Observations sur le projet de loi des sucres adressées au Corps législatif.* — Paris, imprimerie de L. Martinet, 1864.

merce avec la Belgique, qui ne permettait pas l'exportation des vergeoises et des mélasses.

Le Comité faisait bonne justice de la prétendue supériorité du sucre de betteraves sur celui de cannes, et à l'égard des types s'exprimait ainsi :

« Au sujet de la question des types, la sucrerie s'était mon-
» trée très-divisée : les uns voulant le maintien du régime ac-
» tuel, le taux unique : les autres le rétablissement des types.
» — Mais s'il y a eu divergence sur le principe, il y a eu
» unanimité, chez tous les fabricants de sucre indigène, pour
» dire que si l'on place le type inférieur au n° 13 pour les
» exotiques, au n° 11 pour les indigènes, on commet envers
» ces derniers la plus criante injustice, et l'on accorde aux
» produits étrangers une prime pour envahir le marché inté-
» rieur.
» Le Comité central préférerait *le taux unique* à la disposi-
» tion dangereuse insérée au projet de loi. Mais s'il ne lui est
» pas donné de pouvoir modifier à ce point de vue la pensée
» du Gouvernement, il regarde du moins comme un droit, et
» pour lui et pour l'industrie agricole qu'il représente, de récla-
» mer énergiquement l'assimilation complète du sucre indigè-
» ne et du sucre exotique, et la fixation du type inférieur,
» soit au n° 10 (l'ancien sous-type), soit au n° 11 indiqué dans
» l'exposé des motifs. Il est évident que c'est entre ces deux
» numéros que se trouve la vraie limite commerciale, entre les
» sucres bruts inférieurs et la grande moyenne des sucres. »

Déjà, dans l'enquête devant le conseil supérieur, le système de l'impôt à la consommation avait posé les types après raffinage comme nécessaires (1).

(1) M. Vion. — *Enquête,* p. 298.

Dans une brochure nouvelle (1) ayant spécialement trait à ce système, M. Giroud propose « l'établissement de cinq taxes » correspondant, non à des types, mais à des produits divers » d'une nature parfaitement déterminée, » et pour justifier cette classification, il s'exprime ainsi :

» Deux systèmes se présentent à l'esprit, celui de l'unité et » celui de la pluralité des taxes.

» Le premier séduit, tout d'abord, par sa simplicité : mais » après courte réflexion, on reconnait que frappant également » les sucres de luxe et ceux plus communément consommés » par les classes laborieuses, il exonère les premiers en sur- » chargeant les seconds ; il est donc injuste, impolitique, anti- » fiscal, en opposition avec les saines doctrines économiques.

» Reste le second, celui de la pluralité des taxes, en l'ap- » pliquant, il convient de tenir compte des intérêts du Trésor » et de la richesse des produits, sans en trop multiplier les » classes cependant, pour éviter la confusion. »

De son côté, M. le marquis d'Havrincourt raisonnant dans le même ordre d'idées, disait dans une brochure (2) renouve- lant et développant les arguments qu'il avait produits à l'en- quête :

« Je ne vois aucun inconvénient à étendre un peu les classi- » fications des produits à la sortie. On pourrait prendre les » suivantes :
» Candi,
» Sucre mélis ou quatre cassons,
» Sucre lumps ou sucre tapé de nuance blanche,
» Poudres blanches,
» Poudres bâtardes,

(1) *L'Impôt à la consommation*, par M. C. Giroud, 1864. — Douai, impri- merie de Lucien Crépin.
(2) *La Question des Sucres* par M. le marquis d'Havrincourt, député. — Paris. Imprimerie Poupart-Davyl et Cie, 1864.

» Vergeoises et cassonnades.

» Mélasses.

» Elles comprendraient suffisamment les différentes caté-
» gories qui vont à la consommation. On leur assignerait à
» chacune un droit proportionnel à leur valeur. »

Les producteurs de sucre n'étaient pas seuls à critiquer le
projet ; de toutes parts, les observations affluaient et M. Rochoux s'en rendait aussi l'écho en termes chaleureux, dans un
écrit (1) qui peut se résumer par son épigraphe ainsi conçue :

« *Dégrèvement.*

» *Pas de surtaxe, pas de détaxe, pas d'abonnement, pas de*
» *surtaxe de pavillon, pas de drawback avec prime. Un seul*
» *type, un seul droit. Liberté, liberté !...* »

M. Rochoux s'est fait, dans sa brochure, l'éloquent avocat
du type unique ; mais, je ne veux citer, de son écrit, que
quelques lignes, y renvoyant tous ceux qui voudraient faire, de
la question, une étude plus approfondie.

« L'unité de type, dit M. Rochoux, nous lui connaissons
» bien des avantages et nous cherchons en vain ses défauts.
» Elle favorise le progrès, incite à l'amélioration, augmente
» les produits maritimes, commerciaux et industriels. La
» pluralité des types, au contraire, protége l'indolence et la
» routine, arrête le progrès en le frappant d'un impôt, abaisse
» la production et la fabrication, restreint les produits commer-
» ciaux et maritimes, et nuit grandement au Trésor, entraînant
» à sa suite l'échelle des tarifs différentiels. »

Je le disais en parlant de l'enquête, la raffinerie parisienne
se tenait prudemment à l'écart, attendant dans l'ombre le ré-

____

(1) *La Question des Sucres*, par Rochoux. — 1864. — Paris. Imprimerie
de C. Martinet.

sultat d'une lutte à laquelle elle n'était pas si indifférente qu'elle le paraissait; mais, après la mise au jour du projet de loi elle donna, enfin, signe de vie.

Dans une brochure, remarquable à plus d'un titre d'ailleurs (1), M. Aug. Fresson dont les affinités avec la raffinerie sont assez étroites, si je ne me trompe, se livre à l'examen du projet de loi ; il l'apprécie et l'approuve sans réserve dans tous ses détails; mais, de l'inégalité que ce projet contenait au détriment du sucre indigène, pas un mot. M. Fresson glisse làdessus avec une facilité qui étonnerait si l'on ne connaissait le peu de sympathie des raffineurs parisiens pour l'industrie betteravière française. . . . .
. . . .

Quoiqu'il en soit, M. Fresson est pour les types, qu'il regarde comme le seul moyen de rendre l'impôt sur les sucres proportionnel et équitable ; il en voudrait autant qu'il serait possible d'en faire ; mais, faute de mieux, il se contente des deux que concède le projet. Enfin, M. Fresson termine ainsi :

« Que le législateur ne se préoccupe pas de tout ce bruit,
» de toutes ces assertions où la passion, l'erreur ou l'intérêt
» privé jouent un rôle actif, émises, la plupart du temps, par
» des hommes qui s'imaginent pouvoir trancher des problèmes
» aussi ardus que celui dont est saisi le Corps législatif. Une
» enquête solennelle a eu lieu par les soins du Conseil supé-
» rieur du commerce. . . . .
» Puis, quand ce long travail a été terminé, le Conseil s'est
» recueilli, et du résultat de ses délibérations est sorti, élaboré
» par le Conseil d'Etat, le projet de loi soumis au Corps légis-
» latif. Pourquoi chercher une autre solution que celle-là !
» N'est-elle pas l'expression éclectique et impartiale de tous

(2) *Observations pratiques sur la Question des Sucres*, par M. Aug. Fresson. — 1864. — Paris. Imprimerie Renou et Maulde.

» les vœux, de tous les avis, de toutes les opinions, librement
» émises devant ce tribunal aussi éminent que désintéressé !

   » C'est pourquoi j'appelle de tous mes vœux le vote de la
» majorité sur le projet de loi. »

On a sans doute remarqué que je n'ai rien cité comme émanant du port de Nantes, dont les transactions sur le sucre sont cependant si considérables avec nos colonies et avec l'étranger ; la raison en est que ce port demeura complètement muet.

La réserve des raffineurs et des commerçants de Nantes, à propos de la loi des sucres, ne résultait pas d'une tactique ; elle était observée par eux à un autre point de vue. La Chambre de commerce de Nantes avait été, comme toutes les autres, appelée à faire ses observations sur la législation des sucres. Invités donc, par le Conseil supérieur, à donner leur avis sur le questionnaire, les Nantais se sont refusé à toute espèce de discussion du moment où on ne pouvait leur dire, si, dans les prévisions du Gouvernement, le sucre indigène devait ou ne devait pas participer à l'exportation. Il y avait là, pour eux, une question de principes qu'ils regardaient comme ayant une influence considérable sur la solution des questions accessoires, et, à l'égard des types, les délégués de Nantes disaient que leur manière de voir et leurs appréciations pouvaient être différentes selon que cette question de principes serait résolue dans un sens ou dans un autre. Avant de parler ils demandaient que le Gouvernement s'expliquât. La Chambre de commerce de Nantes borna donc ses réponses au Conseil supérieur, à des protestations, se refusant à discuter les détails pour éviter, disait-elle, de nuire au fond des questions et de paraître en faire le sacrifice (1).

---

(1) Voir, à cet égard, le compte-rendu de la séance du Conseil supérieur du 22 septembre 1863. *Recueil*, p. 299 et suivantes.

C'est par suite de cette réserve, peu goûtée au Conseil supérieur, mais dont la place de Nantes ne se départit pas, que la Chambre de commerce de cette ville ne se joignit pas à celles des autres ports, qui, seules, demeurèrent sur la brèche et luttèrent dans les termes ci-dessus rapportés.

XI.

Mais, pendant tout ce grand débat, une Commission du Corps législatif procédait à l'examen du projet et refaisait, en quelque sorte, l'enquête.

Le rapport de M. Gressier constate, en effet, que cette Commission avait voulu entendre directement les représentants des intérêts en jeu ;

Qu'elle avait consacré à cette audition de nombreuses séances ; que beaucoup d'écrits avaient été mis sous ses yeux, qu'un grand nombre d'amendements lui avaient été successivement adressés ; et qu'enfin, l'étude approfondie de tous ces documents avait conduit la Commission à proposer au Conseil d'Etat certaines modifications, dont deux avaient été repoussées et les autres acceptées.

Après avoir écarté l'impôt à la consommation et la saccharimétrie, par des raisons longuement motivées dans le rapport, la Commission avait été ramenée à l'examen de l'impôt, proposé par le projet de loi.

La question des types s'était donc imposée d'elle-même :

Convenait-il d'adopter soit un seul type, comme dans la l oi de 1860, soit plusieurs types ?

Dans ce cas, à quel nombre et à quelle nature de type fallait-il s'arrêter ?

Pour répondre à ces questions qui sont précisément celles que l'on se pose encore aujourd'hui, je ne puis mieux faire que de citer textuellement le rapport :

« La tendance première de votre Commission, dit ce rapport, était *à l'adoption d'un type unique* pour l'assiette de l'impôt.

» Quand, en effet, par l'absence de tout moyen de le déterminer sérieusement, l'idée de l'impôt gradué sur la richesse saccharine a été abandonnée, on est bien forcé de reconnaître qu'en présence des quinze types, du n° 6 au n° 20, composant la série des types marchands, sans compter les poudres blanches, le choix de deux types ne donne pas mieux que celui d'un seul satisfaction au principe de la proportionnalité.

» Il a de plus l'inconvénient de jeter une défaveur marquée sur les deux numéros qui suivent le premier type choisi, car le quantum de la différence d'impôt qui le frappe, soit 2 francs suivant le projet actuel, est supérieur à leur plus-value qui n'est que 0,75 centimes par numéro.

» Cet inconvénient ne ferait qu'augmenter avec la multiplicité des types.

» Le type unique, au contraire, offre une solution simple; il donne satisfaction au Trésor public, il est d'une application pratique qui ne laisse place à aucune difficulté, il encourage les producteurs à améliorer leur fabrication. Il peut se combiner avec la détermination de plusieurs types, s'ils sont jugés utiles pour le règlement du rendement des sucres destinés à l'exportation. Toutefois, quand les droits ne sont pas atténués, comme l'étaient ceux de la loi de 1860, le type unique peut avoir quelquefois l'inconvénient d'écarter du

» marché le sucre à bas titre. Or, il importe à notre com-
» merce extérieur comme à notre marine marchande de pou-
» voir charger, soit dans l'Océan Atlantique, soit dans l'Océan
» Indien, soit dans les mers de la Chine, au Brésil, à Cuba,
» à Porto-Rico, à Manille, sur la côte de Coromandel et même
» à Java et à Maurice, des sucres de tous types, suivant qu'ils
» se présentent, sans être arrêté par cette considération qu'a-
» vec un impôt unique, il y a intérêt à ne pas acheter les
» sucres inférieurs.

» Aussi, votre Commission avait-elle cru que l'on pourrait
» éviter les inconvénients relatifs du type unique, et ceux de
» la multiplicité des types, en adoptant *deux types distancés.*

» Elle proposait, en conséquence, de frapper de l'impôt de
» 42 francs les types véritablement inférieurs, c'est-à-dire ceux
» jusqu'au n° 11 exclusivement, et de celui de 44 francs les
» types plus élevés du n° 11 au n° 20 inclusivement. Les pou-
» dres blanches au-dessus du n° 20, assimilées aux raffinés au
» droit de 45 francs, les raffinés des fabriques raffineries et
» des colonies françaises restant au droit de 47 francs les 100
» kilos.

» Elle pensait, par cette classification, mieux atteindre,
» que par celle du projet du Gouvernement, le véritable but,
» celui de ne pas écarter du marché les sucres inférieurs qui,
» tous, sont au-dessous du n° 11, et de se rapprocher du
» type unique, en frappant d'un même impôt les sucres qui
» tous sont au-dessus du n° 10.

» Le Conseil d'Etat en a jugé autrement, et, par une sorte
» de transaction *difficile à comprendre*, il a, en rejetant le
» n° 11, proposé le n° 12 comme limite du type inférieur.

» Cette division arbitraire avait le grand inconvénient de
» ne plus répondre au but que s'était proposé la Commission
» et de comporter cependant une aggravation d'impôt sur le

» projet du Gouvernement, en frappant le type marchand,
» c'est-à-dire la bonne quatrième, du droit de 44 francs.

» Dans cette situation, votre Commission a préféré repren-
» dre, purement et simplement, la division des types telle
» qu'elle avait été proposée par le projet.

» Cette division avait au moins sa raison d'être.

» Sur le marché commercial, en effet, les sucres se divi-
» sent en deux séries, ceux de la bonne quatrième et au-
» dessous, cotés autour du n° 12, et ceux au-dessus de la
» bonne quatrième.

» Le projet acceptait cette division du commerce et appli-
» quait l'impôt de 42 francs aux sucres de la première série,
» et celui de 44 francs aux sucres de la seconde.

» Votre Commission avait obéi à un autre ordre d'idées.

» Mais le n° 12, proposé par le Conseil d'Etat, comme limi-
» te du type inférieur, ne rentre ni dans la pensée du projet,
» ni dans celle de la Commission, *et n'appartient à aucun ordre*
» *d'idées précis.*

» Par suite, votre Commission n'avait qu'à persévérer dans
» son premier vote ou à revenir à la division du projet.

» Dans l'intérêt d'une réglementation nouvelle du régime
» des sucres devenue urgente, votre Commission s'est rangée
» à ce dernier avis, auquel, de son côté, le Conseil d'Etat est
» revenu. »

Le projet, amendé, passa et forma la loi du 7 mai qui assi-
mila, complètement, le sucre de betteraves et le sucre de cannes.

L'article 1er de cette loi établissant les droits est ainsi conçu :

Sucres —
- Brut de toute origine
  - Au-dessous du n° 13 ...... 42 fr.
  - Du n° 13 au n° 20 inclusivement 44
- Assimilé aux raffinés
  - Poudres blanches au-dessus du n° 20 45
- Raffiné dans les fabriques de sucre indigène et dans les colonies françaises... 47

Les 100 k^{os}

Les types n°s 13 et 20 seront déterminés conformément à la série des types de Paris.

L'article 6 relatif aux rendements porte :

Sucre de toute origine —
- Au-dessous du n° 10
  - Sucre mélis ou quatre cassons et sucre candi .... 78 k^{os}
  - Sucre lumps et sucre tapé de nuance blanche 79
- Du n° 10 au n° 13 exclusivement
  - Sucre mélis ou quatre cassons et sucre candi 80
  - Sucre lumps et sucre tapé de nuance blanche......... 81
- Du n° 13 au n° 16 inclusivement
  - Sucre mélis ou quatre cassons et sucre candi 83
  - Sucre lumps et sucre tapé de nuance blanche.......... 84

Pour 100 kilog. de sucre brut, conformément aux types indiqués ci-contre,

« Les vergeoises du n° 13 et des numéros supérieurs seront
» admissibles pour l'exportation à la décharge des obligations
» d'admission temporaire, à raison de 105 kilog. pour 100 ki-
» logrammes de sucre brut.

» Les sucres coloniaux et étrangers ne seront admissibles au
» raffinage, pour l'exportation, que lorsqu'ils auront été im-
» portés directement par mer des pays hors d'Europe. »

Il ne sera pas hors de propos d'indiquer ici en quelques lignes, la législation qui régit les sucres dans les autres princi-
paux pays consommateurs de l'Europe.

La Hollande, qui a des intérêts coloniaux considérables, n'a
qu'un droit sur le brut, quelle que soit la nuance, et un droit
sur le raffiné,

La Belgique est dans le même cas malgré une législation des plus compliquées.

Le Zollverein n'a que deux droits.

La Russie n'a, au fond, que deux grandes classifications, bruts et raffinés, et l'Espagne a un tarif établi sur le même principe, bruts et raffinés.

Si nous étendons nos regards plus loin nous voyons les Etats-Unis sous l'empire du tarif Morill qui n'admet que deux classes, les raffinés et les non-raffinés ;

La colonie du Cap de Bonne-Espérance n'ayant que deux droits ;

Et enfin l'Australie qui n'en a qu'un, que le sucre soit raffiné ou qu'il ne le soit pas.

XII.

Tel est l'état actuel de la législation sur l'industrie sucrière
en général, et j'ai cru devoir m'appesantir longuement sur les
phases et les appréciations diverses dont elle a été l'objet, afin
de mettre sous les yeux du lecteur toutes les pièces de ce long
et fastidieux procès.

Les aspirations du commerce et de l'industrie tendaient, surtout, vers la stabilité, et le Gouvernement en était tellement
convaincu que le 5 novembre 1863 l'Empereur disait aux
grands Corps de l'Etat : « Vous aurez aussi à vous occuper de
la question des sucres qui demande enfin à être résolue *par
une legislation plus stable.* »

Cette *stabilité* mise ainsi, par une parole auguste, à la hau-
teur d'une nécessité de premier ordre, a-t-elle été atteinte par
la loi du 7 mai 1864 ?

Je n'hésite pas à dire non.

Sans doute cette loi donne raison aux légitimes réclamations
de la sucrerie indigène qui demandait le droit commun. Elle a
mis tous les sucres sur un pied d'égalité parfait : rien de plus
juste. Mais si nous comparons ses dispositions aux demandes
instantes, réitérées des intéressés, nous verrons qu'à l'égard
notamment de l'assiette du droit en lui-même, la loi du 7 mai
n'a satisfait personne.

Sans doute aussi, on a dit et répété que la loi était une transaction ; mais je ferai remarquer que dans son rapport si complet au Corps législatif, M. Gressier l'a appelée une « transaction difficile à comprendre (1). »

Que demandaient en effet les divers intéressés ?

Les colonies réclamaient le droit unique en déclarant qu'il était le seul moyen de les encourager dans la voie du progrès.

Les ports de mer, avec une unanimité dont il faut savoir les louer, demandaient une classification analogue à celle de l'Angleterre de manière à faciliter l'importation des bas sucres et à faire de la France un grand marché de cette denrée.

La sucrerie indigène, fort divisée, ainsi qu'on a pu le voir, demandait d'un côté le droit unique afin qu'il lui fût permis d'arriver au but dont elle avait entrevu la réalisation, c'est-à-dire la fabrication du sucre perfectionné directement consommable. D'un autre côté elle réclamait les types dans l'intérêt de la proportionnalité de façon à arriver au dégrèvement des bas sucres que la raffinerie française refusait.

Eh bien ! il faut avoir le courage de le dire, la loi n'a donné *ni le droit unique, ni la proportionnalité.*

Le n° 13 fixé comme limite du type inférieur, pas plus que le n° 12 qu'on avait d'abord proposé, ne rentre dans la pensée des intéressés ni dans celle de la Commission, il n'établit au fond, qu'une proportionnalité menteuse et incomplète, et j'ajouterai avec M. Gressier « il n'appartient à aucun ordre d'idées. » Enfin je dirai encore avec le rapporteur de la loi : « Le choix de deux types ou de deux droits ne donne pas mieux que celui

(1) Rapport, page 12, voir *supra*, p. 53.

d'un seul satisfaction au principe de la tarification graduée proportionnellement. »

Les faits au surplus viennent malheureusement donner raison à cette argumentation. Une campagne sucrière n'a pas encore passé sur la loi nouvelle que déjà les plaintes des *producteurs* de sucre s'élèvent de toutes parts ; les raffineurs si muets dans le débat que nous avons passé en revue sont seuls satisfaits ; ils se frottent les mains et ils ont raison.

Qu'est-il arrivé en effet ?

Déjà dans l'été dernier, c'est-à-dire avant la fabrication indigène, on avait pu prévoir quelques unes des difficultés auxquelles donnerait lieu le type n° 13 édicté par l'article 1er de la loi. Les fabricants prévoyants faisaient des marchés à livrer, mais beaucoup se trouvèrent arrêtés par cette condition invariablement imposée de livrer des sucres au *petit droit*.

Mais quand vinrent la fabrication, les ventes et les livraisons, ce fut bien autre chose : les sucres dits au *gros droit* furent impitoyablement rebutés, ou s'ils furent acceptés on verra tout à l'heure à quelles conditions. Les fabricants se sont donc trouvé dans la nécessité de modifier leur genre de fabrication en produisant des sucres aussi imparfaits que possible, et il arriva que tous ceux qui ont persisté dans les perfectionnements acquis, ou qui trop bien outillés ne pouvaient revenir en arrière, virent leurs sucres dépréciés d'une quotité précisément équivalente à celle dont sont frappés les sucres n° 13 et au-dessus.

Je m'explique :

Quand le n° 12, qui forme le type normal sur lequel ont lieu les transactions, vaut en entrepôt 62 francs, par exemple, chacune des nuances qui suit vaut, savoir :

Les n°s 13 et 14 un franc cinquante centimes de plus par 100 kilogrammes.

Les n°s 15 à 16, un franc de plus et ainsi de suite, mais en décroissant au fur et à mesure que la nuance s'élève.

Or, dans l'hypothèse où je me plaçais du prix de 62 francs en entrepôt, le n° 13 a une valeur réelle, commercialement parlant, de......................... 63 fr. 50 c.

Mais ce numéro étant surtaxé de 2 francs, le raffineur laisse cette surtaxe à la charge du producteur, ou plutôt il la déduit sur la valeur de la marchandise .... 2 fr. » »

Et on arrive ainsi à cet étrange résultat, que du sucre d'une nuance plus élevée que le n° 12, n'est plus vendu que.................... 61 fr. 50 c.

C'est-à-dire cinquante centimes de moins que ce numéro.

Il y a plus, des fabricants dans la parole desquels je puis avoir confiance, m'ont affirmé que des sucres de leur fabrication, classés parmi les poudres blanches au droit de 45 fr., n'ont été payés que comme du n° 12, parce que premièrement ils étaient surtaxés de 3 fr., et deuxièmement que, dépassant le n° 16, ils ne pouvaient être raffinés pour l'exportation.

J'avais donc raison de dire que tout en ne donnant pas satistisfaction aux partisans du droit unique, la loi en établissant un type était loin de satisfaire ceux qui reclamaient la proportionnalité, car un impôt qui dans certains cas absorbe *tout* et même *plus* que la plus-value d'une marchandise, n'est pas un mpôt proportionnel mais un impôt *inique*.

Je le répète, un système qui, dans certains cas, peut mener à des résultats comme ceux que je viens de citer, ne peut plus longtemps être soutenu : il doit être nécessairement condamné.

Je sais bien que d'aucuns ne manqueront pas de m'opposer

à moi-même, et de m'objecter qu'en d'autres temps j'ai été l'un des partisans les plus déclarés des types et que j'ai peut-être, avec mes collègues, contribué à les affermir.

Je l'ai dit ailleurs, je ne mets dans ces questions aucun amour-propre ; je ne cherche que la vérité pratique ; malheureusement cette vérité ressort d'éléments si divers et les faits, (la législation aidant) se transforment si rapidement, que l'on est forcé de suivre la mobilité des circonstances, si l'on veut demeurer à leur niveau.

Je conviens donc, sans nul embarras, que j'ai demandé dans le temps la proportionnalité de l'impôt, mais j'ajoute que je n'ai jamais préconisé le système bâtard qui nous régit (1).

J'ajouterai au surplus que ce n'est pas du tout cela que la délégation de Valenciennes avait demandé ; mes collègues et moi, nous nous étions surtout attachés à conquérir le droit d'exportation du raffiné indigène sur le pied de l'égalité, et pour y parvenir nous avions consenti à ce que le sous-type, *si on ne pouvait l'éviter*, fut placé au n° 10 ou 11 tout au plus (2).

Nous n'étions d'ailleurs pas seuls de notre avis, et m'attribuer à moi et à mes collègues, comme on l'a fait, assez d'influence pour avoir amené ce qui existe par nos seuls efforts, c'est nous faire un honneur auquel nous ne prétendons certainement pas. Dans tous les cas j'ajouterai, sans vouloir en tirer vanité, que M. Rouher, dans sa lettre au Préfet du Nord (3), constatait « que les types divisaient beaucoup de bons esprits. »

. . . .

Le débat contradictoire qui a eu lieu devant le Conseil supé-

(1) Voir *Courrier du Nord* du 12 avril 1863.
(2) Voir *supra*, p. 45.
(3) Voir *supra*, p. 24.

rieur, devant les Chambres et entre les intéressés devant l'opinion publique, a modifié, d'ailleurs, plus d'une conviction. Certaines personnes qui avaient tout d'abord sur la question des idées préconçues, dans un sens ou dans un autre, ont bien été depuis forcées de reconnaître qu'elles n'étaient pas infaillibles et qu'elles pouvaient se tromper quelquefois.

Les systèmes, après tout, ne valent que ce qu'ils donnent ; ils se jugent par leurs résultats, et ce serait un entêtement inconcevable de la part des producteurs, que de persister dans celui des types s'il doit continuer à en donner de semblables à ceux qu'il a tout récemment produits.

L'économie industrielle ne veut rien de théorique et de doctrinal ; ses raisonnements sont plus terre-à-terre et doivent fléchir devant l'expérience « dont une ridicule vanité prétendrait » seule vouloir se passer. » Or, celle qui vient d'être faite d'un type ou d'un sur-type, comme on voudra l'appeler, ayant eu pour effet incontestable de gêner les transactions (1), d'arrêter le progrès et même de faire faire à la fabrication du sucre indigène et colonial un pas en arrière, on doit sans hésiter faire bon marché de ses sympathies antérieures et demander le droit unique plutôt qu'une classification qui, selon le mot de **M. Buffet**, est une véritable citadelle élevée autour du sucre blanc (2).

(1) A ce propos il n'est pas inutile de citer ce qui s'est passé dans l'arrondissement de Valenciennes dans les premiers temps de l'application de la nouvelle loi. Du sucre parti de cet arrondissement pour une raffinerie des environs de Douai, comme étant au *petit droit*, est arrivé à destination où il a été reconnu être au *gros droit*. Ce sucre a été saisi par la Régie, mais vérification faite, il a été constaté que les types des employés du lieu du départ et ceux de l'arrivée N'ÉTAIENT PAS CONFORMES......... C'est là un des moindres inconvénients du système.

(2) Voir *supra*, p. 16.

A Dieu ne plaise que je propose une aggravation d'impôt, mais je le demande aux partisans les plus convaincus du système de la tarification différentielle, est-ce ainsi qu'ils l'ont entendu lorsqu'ils ont demandé des types gradués.

Evidemment non, et je suis persuadé qu'ils aimeraient mieux voir tous les sucres frappés du droit de 44 francs, que de voir la fabrication indigène et coloniale arrêtée plus longtemps dans son essor et dans ses aspirations vers le progrès, par une barrière que les raffineurs ont tout intérêt à maintenir et qu'ils sauraient bien rendre insurmontable.

Une pareille augmentation d'impôt ne peut pas sérieusement être considérée comme une aggravation quand on sait que la consommation en France est de 6 à 7 kilog. par tête et qu'elle ne représenterait par conséquent qu'un surcroît de dépense annuelle de 12 à 14 centimes par individu.

XIII.

Mais, dira-t-on, la modification que vous proposez était peut-être possible quelque temps après le vote de la nouvelle loi ; elle ne l'est plus aujourd'hui que nous nous trouvons en présence de la convention internationale relative au drawback.

L'objection ne me paraît que spécieuse :

La France a, en effet, sous la date du 8 novembre 1864, conclu avec la Belgique, la Grande-Bretagne et la Hollande, une convention pour régler les questions internationales relatives à la législation des sucres *au point de vue de l'exportation ;* mais autre chose est cette convention et le projet primitif auquel elle fait suite.

Dans ce projet primitif, qui comme on l'a vu ci-dessus, remonte au 14 avril 1863, il était question d'établir un drawback uniforme dans les pays exportateurs, au moyen de droits échelonnés et fixés dans des proportions de 92, 84, 74 et 65 0/0 de celui applicable au raffiné (1) ; en un mot, dans la pensée des conférences internationales de l'an dernier, l'échelle de tarification de chacun des quatre pays aurait été dans un délai plus ou moins éloigné, modifiée d'après ces bases. Il est probable que ce résultat n'a pu être obtenu puisque rien dans la convention définitive n'en fait une obligation aux contractants.

(1) Voir *supra*, p. 38 et 39.

Si pourtant le régime des sucres, en France, devait être modifié dans ce sens, le droit sur le raffiné d'après la convention devant être de 15 0/0 plus élevé que le droit frappant les nᵒˢ 15 à 18 (1), il serait chez nous, au lieu de 55 fr., taxe actuelle, de .... 50 fr. 60 c.

Celui sur les nᵒˢ 15, 16, 17 et 18 à raison de 92 0/0 du droit sur le raffiné, serait de........ 46   55

Celui sur les nᵒˢ 10, 11, 12, 13 et 14 à raison de 84 0/0 serait de...................... 42   50

Et celui sur les numéros inférieurs jusqu'au nᵒ 9 inclusivement à raison de 74 0/0 serait de. 37   45

Cette échelle de tarification serait moins déraisonnable peut-être que le tarif actuel, mais la différence entre le droit du nᵒ 14 et celui du nᵒ 15 étant de 4 fr. 05, et celle entre les nᵒˢ 9 et 10 de 5 fr. 05, nous verrions ce que nous avons vu dans ces derniers temps, c'est-à-dire, le nᵒ 15 et le 10, voir même les nᵒˢ 16 et 11, *perdre de leur valeur commerciale*, l'importance sinon de la totalité, mais d'une grande partie de la différence du droit.

Ce résultat déplorable et anti-progressif avait cependant, je dois le dire, été prévu à l'avance. D'aucuns l'avaient signalé avant le vote de la loi (2), mais ils n'avaient pas été suffisamment compris.

Il y a plus: lorsque le 1ᵉʳ mars 1863, l'Empereur reçut une députation de la sucrerie indigène, il fut question de tarification graduée. On parla types. Sans les repousser positivement, l'Empereur exprima la crainte *qu'ils ne fussent une entrave au progrès*. Ce sont ses propres paroles. Etrange prévoyance qui

(1) Convention, art. 13.
(2) Première brochure de M. Giroud, p. 3.
    M. Gressier. Rapport, p. 11. — *Supra*, p. 52.
    M. Vion. Enquête, p. 289.

permettait au chef de l'Etat de préjuger avant, et mieux que beaucoup d'intéressés eux - mêmes, les inconvénients du système.

Encore une fois, mieux vaut le droit unique, malgré ses imperfections ; quel est d'ailleurs le système qui n'a pas ses avantages et ses inconvénients ? Mais on conviendra avec moi, que si une préférence doit être accordée à une manière de faire ou de procéder, ce doit être à celle qui laisse à chacun son franc parler et son libre arbitre. Comme après tout la conventio internationale à pour objet l'établissement d'un drawback *proportionnel*, le but peut être parfaitement atteint sans type pour le paiement du droit, mais avec des types ou classes pour le rendement.

C'est d'ailleurs ce qu'a fait la convention ; elle a fixé les rendement *légaux* des numéros :

$$
\left. \begin{array}{l} 18 \\ 17 \\ 16 \\ 15 \end{array} \right\} \quad \text{à} \ldots \ldots \ldots \quad 87 \text{ kilos } 0/0.
$$

$$
\left. \begin{array}{l} 14 \\ 13 \\ 12 \\ 11 \\ 10 \end{array} \right\} \quad \text{à} \ldots \ldots \ldots \quad 85 \text{ kilos } 0/0.
$$

$$
\left. \begin{array}{l} 9 \\ 8 \\ 7 \end{array} \right\} \quad \text{à} \ldots \ldots \ldots \quad 81 \text{ kilos } 0/0.
$$

Au-dessous de 7 à   76 kilos 0/0,
avec stipulation que les nuances intermédiaires entre deux classes appartiendraient à la classe inférieure.

A ceux donc qui prétendraient que la convention internationale nous fait entrer plus avant encore dans le système des types, je repondrai que, selon moi, c'est le contraire qui est la vérité. Nous aurons des classes pour le rendement à l'exportation, mais ces classes se concilient parfaitement avec un droit unique (1), attendu qu'en réalité le paiement de ce droit est suspendu et qu'il ne se liquide d'une manière fictive qu'à l'aide de l'exportation. Libre à l'Angleterre de conserver sa taxation puisqu'elle y tient, mais au moyen du drawback proportionnel résultant de la convention, elle ne rendra à ses raffineurs exportateurs que ce qu'elle aura perçu à l'entrée. En France, en Belgique et en Hollande, où l'admission temporaire (2) est pratiquée pour l'exportation, l'apurement des comptes des raffineurs se fera sur la base des rendements de la convention ; rien de plus simple et de plus élémentaire, et comme les rendements *légaux* seront sans doute encore quelque peu inférieurs aux rendements *réels*, les raffineurs n'auront pas à se plaindre. Les primes qu'on prétendait autrefois nécessaires pour pouvoir soutenir la concurrence étrangère, n'ont plus leur raison d'être puisque par la convention tout le monde est sur le même pied.

Il ne faut pas se le dissimuler plus longtemps, la question des sucres est insoluble avec les demi-moyens et les palliatifs, et dût-on crier au radicalisme, je conclus en appelant de tous mes vœux la modification de l'article premier de la loi du 7 mai 1864 dans le sens le plus libéral possible, ou tout au moins d'un type unique sur le sucre brut quelle que soit sa nuance, et la mise en harmonie des rendements de l'acticle 6 de cette loi avec ceux de la convention du 8 novembre.

Ces modifications, d'une extrême simplicité, ont le mérite de se rapprocher singulièrement des demandes faites primitive-

(1) M. Gressier. Rapport sur le projet de loi, p. 11. — Voir *supra*, p. 52.
(2) L'admission temporaire avec un droit unique et des classes pour le rendement n'est pas nouvelle. Le 25 mai 1848, M. Flocon l'avait proposée à la commission exécutive du Gouvernement provisoire.

ment par la plupart des fabricants de sucre indigène dans les réunions générales de Lille, du 28 janvier 1863, et de Paris, des 19, 20 et 21 février. Dans ces réunions, en effet, on s'était en quelque sorte arrêté au projet suivant : la loi de 1860, plus l'exportation.

Elles sont, dans tous les cas, de nature à avoir assez d'influence sur la législation des sucres pour la rendre *stable* dans l'acception de la parole impériale.

Je ne suis pas seul à les croire indispensables.

Thiant, le 15 janvier 1865.

Valenciennes. — Imp. Louis HENRY

9 782019 992682